富士見丘高等学校

外に向かう勇気を育てる

生徒おすすめスポット

きれいな校舎は富士見丘のアピールポイント！

光あふれる中央階段

屋上から富士山をのぞむ

ペントハウスラウンジは友人との語らいの場

職員室は質問の生徒であふれます

図書室ではe-learningで自習します

ネイティブ教員の少人数授業でスキルアップ

CALL教室でパソコン操作を
学びます

理科実験室は
安全にも配慮しています

機能的な設備の調理室です

富士見丘の一年間

【入学式】
これからの生活に
期待をふくらませて

【高1学年合宿】
登山やキャンプファイヤーで
友人との親睦を深めます

【合唱コンクール】
クラスの心を1つにして歌います

【体育祭】

伝統の富士見丘体操

【高1ホテルマナー】
テーブルマナーやケーキ作りを学びます

【カルタ大会】
新春の
百人一首大会です

【卒業式答辞】
3年間の思いがあふれます

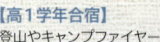

高2 アメリカ西海岸 修学旅行

スペースシャトルの実物に圧倒されます

ミッドウェイ博物館　空母の甲板にて

姉妹校
Alverno High Schoolとの交流会

全米日系人博物館　戦時中の不自由な生活の様子を知りました

本場のディズニーランド(アナハイム)

みんなで創った文化祭

オープニング

待ちに待った文化祭の始まりです!!

書道ガールズのパフォーマンスは迫力満点！

バトン部

気持ちを1つにして踊ります

合唱部

OGと一緒に歌いました

少林寺拳法《けんぽう》部

演劇部

ダンス部

クラスでおそろいのパーカーをつくりました

クッキング部

アイシングクッキーかわいく完成しました

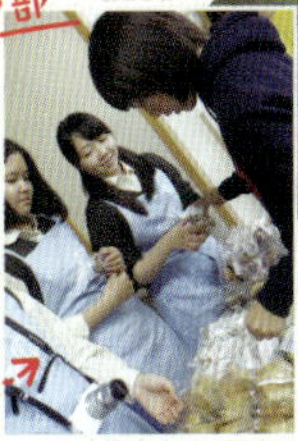

あっという間に完売でした

ESS部

フォークソング部

お客さんもいっしょに大盛り上がり

情報メディア部

茶道部

お客様に心穏やかなひとときを過ごしていただきました

吹奏楽部 魂のこもった演奏をお届けします

元気いっぱい運動部

【テニス部】
春夏あわせて
全国優勝17回!
大切なのは日々の
地道な練習です

【少林寺拳法部】 心と身体、日々鍛えています

【バレー部】
かすり傷もなんのその。笑顔もいっぱいです

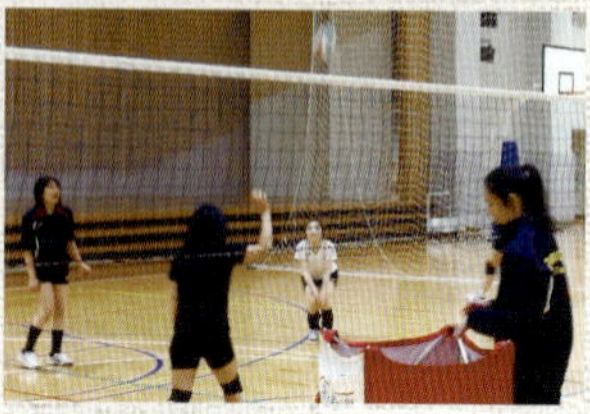

【バスケットボール部】
『心をこめて』がモットーです

【ゴルフ部】
コースでの練習は
すがすがしく、
開放感いっぱいです

【剣道部】
仲の良さ、ここぞという時の団結力が自慢です

【卓球部】
スポーツ初心者も大歓迎。
集中力も磨きます

磨こう! 女子力 文化部

【科学部】
リケジョは日々是実験

【美術部】
絵画の世界で
時の経つのを
忘れて

【クッキング部】
今日のメニューは
ハヤシライス。
笑顔がこぼれます

【ソーイング部】
夢中で針を
動かすのは
至福の時

【情報メディア部】
ベストショットを
探してアクティブに
歩きます

【ESS部】
ネイティブの先生から、
生きた英語を学びます

【文芸部】 太宰治ゆかりの碑の前
「富士には月見草がよく似合う」

【生徒会】
「新しい学びフェスタ」
ポスターセッション堂々の最優秀賞

【茶道部】
一期一会の心を大切に、
おもてなしします

【華道部】
お花の美しさをひき出します

グローバルスタディプログラム

アメリカAlverno High schoolでの6ヵ月留学

英国 Westonbirt Schoolでの授業の1コマ

UAE大学の学生が本校に。全校でもてなしました

姉妹のようにうちとけた
英国からの短期留学生

英国短期留学
ビッグベンをバックに

英国 Westonbirt Schoolで少林寺拳法を披露

交流会では書道も教えました

UAE訪問　モスクではアバヤを着用しました

＊グローバルスタディプログラム
1年生から行われるオリジナルの授業や多様な留学制度を通じ、毎日の学校生活の中で語学力だけでなく「国際感覚」を養うことができます。

はじめに

皆さんは入学してみたいと思う学校のことをどれだけ知っているでしょうか。学校見学をしてその雰囲気を味わったり、学校説明会の話を聞いて授業やクラブ活動のことを知ったり、あるいはホームページやパンフレットを見て様々な情報を入手したりしていることでしょう。

しかしながら、それらだけでは、その学校のすべてを知ることはできません。また実際に学校生活を過ごした人の体験談は、ほとんどわからないのが現状です。この学校の生徒たちはどのようにして学校生活を過ごしているのか、また卒業後はどのような仕事に就いて活躍しているのかなどを知ることで、その学校への興味・関心はますます高まるはずです。

「もりもり元気の出る高校案内」実行委員会は、皆さんがこれからの学校生活を元気に楽しく過ごすことができるように、この学校の在校生や卒業生に登場してもらい、学校生活のこと、仕事のことなどを語ってもらいました。彼女たちの生の声は、きっとあなたの心に響くことと思います。

本書を読んで富士見丘高校のことをさらに深く知り、学校を選ぶ際の参考にしてもらえることができれば、実行委員会としてもうれしいかぎりです。皆さんが希望の学校に入学できることを心より願っています。

「もりもり元気の出る高校案内」実行委員会

目次

1章

富士見丘の1日

登校から下校まで

みなさん、こんにちは！
これから、私たちの1日をご紹介します。

まずは、
「富士見丘」の名前の由来、
校舎の屋上から見える富士山！
特に冬は空気が澄んでいて、
きれいに見えます。

登校

みんな8時すぎには学校に来ています。商店街のみなさんの迷惑にならないように「週番」が登校指導をしたり、風紀委員が「あいさつ運動」をしています。

読書の時間
(8：25〜8：35)

先生も生徒も一緒に、自分で選んだ本を読みます。短い時間ですが、本の世界に浸ることができ、心を落ち着かせることができます。

午前の授業(8：45~12：15)

授業は45分間。先生方は熱心に教えてくださるから、私たちも「もっと知りたい」という気持ちになります。

ネイティブの先生が教えてくださる英会話は、少し緊張しますが、英語で自分の考えを表現できたときの達成感は大きいです。

ペア・ワークなど意見交換をして発表する機会も多いです。友人の考えを知ると自分の視野が広がります。

昼休み(12：15～13：00)

待ちに待ったランチタイム！　教室でお弁当を食べたり、6階のペントハウスラウンジを利用したりします。明るく開放的な雰囲気なので、友人とのおしゃべりもはずみます。

午後の授業
(13：00～14：40)

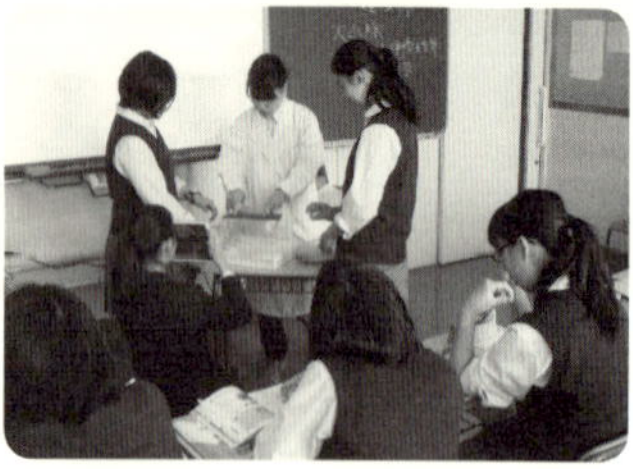

理科の実験では、コンニャクを使って地震のメカニズムを知ることができました。

掃除(14：40～14：55)

全校生徒が割烹着《かっぽうぎ》を着て掃除をするのが「富士見丘ルール」。先生と一緒に校内をピカピカにすると、自分の心もスッキリします。

STUDY7(15：15～16：00)

授業の復習やテスト対策、英会話などの特別講座が開かれます。

クラブ活動(16：00〜18：30)

学校生活の大きな楽しみの一つ、クラブ活動！ メインアリーナ（体育館）やグランドも使って、活発に活動しています。

下校

部活動を終えた生徒の最終下校は18：30（冬期は18：00）です。生徒の多くは都内に住んでいますが、埼玉県や千葉県、神奈川県から通っている生徒もいます。

土曜日

「授業５日制」の富士見丘高校では、土曜日に通常の授業はなく、「５×２」とよばれる自主研究や特別講座、部活動、学校行事など、さまざまなことに取り組むことができます。

例えば、大学の先生が模擬《もぎ》授業をしてくださる「大学ゼミ体験」や、大学の研究室で、大学生や大学院生と共同で学ぶプログラムもあって、高校卒業後の進路について、具体的に考える機会がたくさんあります。

では、次のページでは、
富士見丘を代表する
８つの部活動を紹介します！

テニス部

テニス部はインターハイ４連覇を達成するなど、全国大会に連続出場しています。団体戦は部員全員がひとつになる晴れ舞台なので、最も重視しています。試合では、プレーだけではなく、応援も日本一を目指して大きな声で声援をおくり、全力で選手を支えるように心がけています。普段から、全国大会出場のトップレベル選手と高校からテニスを始めた初心者が同じコートに入って練習をして、切磋琢磨《せっさたくま》しているからこそ、お互いに支えあう関係を築いているのだと思います。

少林寺拳法《けんぽう》部

少林寺拳法部は毎年、春の全国大会や夏のインターハイで入賞している強豪《きょうごう》で、全国優勝の実績もあります。入学時はほぼ全員が初心者ですが、練習を重ねるうちに全国レベルの実力がつきます。部員は40名と多いですが、学年を超えた全員の絆《きずな》が強く、厳しくも楽しく練習しています。また、世界大会にも出場したことがあります。高校生の大会とは全く雰囲気が違って規模の大きなものでした。世界中から集まった拳士《けんし》の演武を見ることができ、とても良い経験になりました。

バスケットボール部

バスケットボール部は、何事にも「心をこめて」をモットーに、常に向上心をもって練習に励んでいます。夏から新チームの活動が本格的に始まり、夏合宿での練習を通して学年の違いを超えた団結力が生まれ、試合を重ねるごとにチームの絆が深まります。週に５日と練習日は多いですが、部活と勉強の両立を図り、「文武両道」を目標に学校生活を送っています。

ダンス部

ダンス部はヒップホップを中心に、ジャズ、ハウスなどさまざまなジャンルに挑戦しています。コーチに基礎から教えていただけるので、初心者でも安心して活動できます。発表の場は、文化祭やコンクール、新入生歓迎会、引退発表など数多くあります。特に、文化祭のダンスを創作する夏合宿は、みんなでひたすら躍り込むだけでなく、先輩・後輩の垣根を越えて夜遅くまで語り合い、絆を深めます。舞台に立ち、お客様から笑顔で拍手をいただいたときは達成感でいっぱいになります。

バトン部

バトン部は、週に2回、コーチの指導のもとで技術を磨いています。初めてバトンを習う部員ばかりなので、柔軟体操や基礎ステップから教えていただき、バトンの基礎を身につけます。バトンとともに、チアリーディングにも取り組みます。チーム全員の技術がそろわないと演技が完成しないので、個人の技術を高めるよう、互いに励ましあって練習をしています。主な発表の場は文化祭で、夏合宿では、みんなで意見を出しあい、創作を行います。この経験を通して団結力が高まり、気持ちをひとつにした演技発表へと結びつきます。

書道部

書道部は、全国大会に出品する作品の制作だけでなく、パフォーマンス書道も行っています。初心者も多いのですが、顧問《こもん》の先生の熱心な指導もあり、各種大会で特選や特別賞などの好成績を残しています。パフォーマンスに関しては文化祭で披露するほか、書の甲子園やＮＨＫスクールライブショーにも挑戦し、それがきっかけでＮＨＫの番組にも出演しました。アルティメットレッスンで書道家の方から直接指導を受けたことは貴重な経験です。普段の練習の他、夏合宿や文化祭直前の練習で毎日のように練習に励み、学年が上がると確実に上達した実感を味わえます。

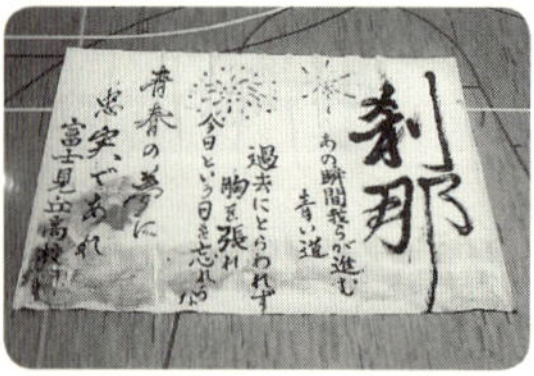

科学部

科学部は「楽しく科学を学ぶ」をモットーに、自分が興味を持った事柄に関して科学的に考察、実験をし、知識の幅を広げています。時には部員全員で１つのテーマを研究することもあります。また校外にも足を運び、探究心を広げる努力をしています。特に「青少年のための科学の祭典」に参加したことは、子どもたちに科学の面白さを伝えることの楽しさややりがいを学ぶことができ、良い経験となりました。

クッキング部

クッキング部は、お菓子から和食、洋食、中華まで何でも作ります。一番の楽しみは調理後の試食です。また、クリスマスなど季節のイベントにあったコース料理にもチャレンジして、旬《しゅん》の食材を学び料理に活かすよう心がけています。文化祭では、毎年クッキー販売をしていて、2日間で3,000枚を作りました。この時ばかりは、運動部並みのパワフルさを発揮して、みんなで協力します。文化祭当日は、15分で完売する盛況ぶりで、作る大変さも吹き飛ぶ達成感を得ることができました。

私たちの学校紹介、楽しんでいただけましたか。
富士見丘高校には、運動部８団体、文化部15団体があります。
ホームページには、最新ニュースも掲載されているので、
ぜひ見てくださいね！

イラストマップ

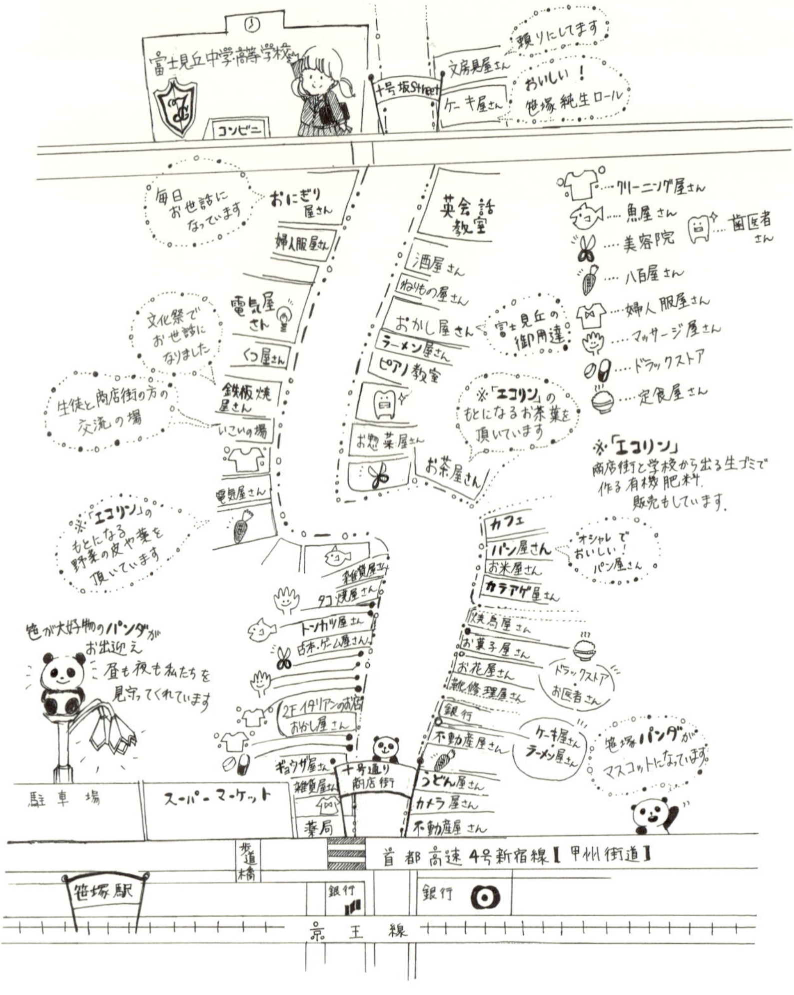

富士見丘中学高等学校
コンビニ
十号坂Street
文房具屋さん
ケーキ屋さん
頼りにしてます
おいしい！
笹塚純生ロール
毎日お世話になっています
おにぎり屋さん
婦人服屋さん
電気屋さん
くつ屋さん
鉄板焼屋さん
いこいの場
電気屋さん
文化祭でお世話になりました
生徒と商店街の方の交流の場
※「エコリン」のもとになる野菜の皮や葉を頂いています
英会話教室
酒屋さん
ねりもの屋さん
おかし屋さん
ラーメン屋さん
ピアノ教室
お惣菜屋さん
お茶屋さん
富士見丘の御用達
※「エコリン」のもとになるお茶葉を頂いています
クリーニング屋さん
魚屋さん
美容院
歯医者さん
八百屋さん
婦人服屋さん
マッサージ屋さん
ドラックストア
定食屋さん
※「エコリン」
商店街と学校から出る生ゴミで作る有機肥料
販売もしています。
雑貨屋さん
タコ焼屋さん
トンカツ屋さん
古本・ゲーム屋さん
2F イタリアンのお店
おかし屋さん
ギョウザ屋さん
雑貨屋さん
薬局
十号通り商店街
カフェ
パン屋さん
お米屋さん
カラアゲ屋さん
オシャレでおいしい！パン屋さん
焼鳥屋さん
お菓子屋さん
お花屋さん
靴修理屋さん
ドラックストア
お医者さん
銀行
不動産屋さん
ケーキ屋さん
ラーメン屋さん
うどん屋さん
カメラ屋さん
不動産屋さん
笹塚パンダがマスコットになってます。
笹が大好物のパンダがお出迎え
昼も夜も私たちを見守ってくれています
駐車場
スーパーマーケット
歩道橋
首都高速4号新宿線【甲州街道】
笹塚駅
銀行
銀行
京王線

2章

生徒が語る富士見丘LIFE

アメリカ西海岸修学旅行

富士見丘の修学旅行は、2014年度からアメリカ西海岸1週間の旅に変わりました。2年生の11月に行われます。姉妹校を訪れての異文化交流なども大きな特徴です。修学旅行委員の2人がリポートします。

3年 藤木 華さん
3年 飯塚優希さん

●アメリカ西海岸の魅力を満喫！

富士見丘のアメリカ西海岸修学旅行。太陽の光あふれる澄み切ったカリフォルニアの青空の下で、グローバルな視野を広げる1週間のプログラムです。

事前学習で調べておいたアメリカの自然や文化を実体験したり、本場のディズニーランドで思いっきり楽しんだり……。高校時代の大きな思い出になるイベントであることはまちがいありません。日系人博物館では、太平洋戦争中の強制収容所での生活の様子を詳しく知り、その過酷《かこく》な状況に言葉を失うほどでした。日系人としての誇《ほこ》りを失わずにその時代を過ごしたというお話には、思わず背筋が伸びる気がしました。

●英語を使った姉妹校での交流

富士見丘の修学旅行の最大の特徴が、ロサンゼルスの姉妹校を訪問して、そこでさまざまな交流を図ること。同じ年代の子とペアを組んで一緒に授業を受けたり、こちらからはエコロジーに熱心な富士見丘の取り組みをプレゼンテーションしたり、浴衣の着付けや書道を教えたり、少林寺拳法《けんぽう》部が演武を披露して感心されたりなど、ほんとうに充実した１日を過ごすことができました。

交流を通して、英語力をもっと高めなければという思いが強くなったのはもちろんです。その意味でも、自分にとって大きな刺激になった７日間でした！

生徒が主役の文化祭

毎年10月に開催される富士見丘の文化祭。各クラスや部活動の発表はもちろん、笹塚商店街の皆さんのご協力をいただいて模擬《もぎ》店も開催。企画が盛りだくさんの文化祭です。文化祭企画委員の３人が紹介します。

3年 **奈良原茉海**さん
3年 **山内愛美香**さん
3年 **二森美菜子**さん

●スタートは１年前

企画委員会は前年度の文化祭直後に発足しました。先輩たちから反省点や申し送り事項などしっかり教えていただいて、次年度の全体イメージをつくりました。春までにはコンセプトを決め、各クラスや部活動・有志《ゆうし》参加を募ります。参加団体の決定は５月。熱い討論を何度も重ねて企画内容を選び抜きました。夏休み明けからは参加団体は仕上げに向かって一気に取り組みます。企画委員はその進み具合を確認したり、調整役をしたりと大変なことも多くありました。全体の流れを理解し、みんなの思いを汲《く》みながら行事をつくり上げる大変さとやりがいを強く感じました。

●コラボ企画が充実

模擬店は、笹塚商店街など校外の方と一緒に企画できるのが強み。オープニングでは複数の部が共同で１つのパフォーマンスを発表するなど、コラボレーション企画がいっぱいです。また、お化け屋敷（これはホントにこわい）とかトリックアートの部屋など、力仕事も全て女子だけで準備するアトラクションも人気です。

部員やクラスの友だちと、大きな仕事をやり遂《と》げたという達成感は、とても言葉では言い表せません。文化祭は富士見丘が１番！　という自信があります。中学生の皆さんにも、ぜひ遊びにきて欲しいですね。

大学の勉強を先取りする
高大連携

将来、大学で行うことになる研究を高校生のうちに体験してみようという「高大連携プログラム」。実際に大学に行き、直接大学の先生の指導を受けて、学問を体験します。参加した2人が紹介します。

3年 高山祐子さん
3年 田沼祥佳さん

〈学問〉の雰囲気が分かります

いろいろな研究テーマの中から自分の興味があるものを選び、参加することができます。上智大学文学部の「四谷怪談と環境の関連性」をテーマにした歴史学研究のプログラムでは、四谷怪談に関係のあるお寺などを訪問し、普段は聞けないような貴重なお話を聞けて、ますます歴史に興味を持ちました。

また、慶應義塾大学理工学部では、「日々の活動量と健康・学力の関係」についての研究を体験しました。さまざまな生活行動パターンを分析するために富士見丘の同級生に万歩計を付けてもらい、そこで得られたデータを分析して最終的には全校生徒と来賓《らいひん》の皆様の前で研究発表を行いました。学問の奥深さに触れて、大学進学への意欲がわいてきました。

●世界とツナガル

慶應義塾大学大学院で、アジア諸国の高校生と環境問題について語り合う「AGORAsia Youth」(アゴラジア・ユース)というワークショップに参加しました。英語でのディスカッションでしたが、大学院生の皆さんがサポートしてくれたので、思ったよりいろいろ話すことができました。このような場があることで貴重な経験ができ、楽しかったです。

高大連携プログラム一覧　＊富士見丘のHPに詳細が記載されていますのでご参照ください。

慶應義塾大学理工学部・伊香賀研究室
慶應義塾大学総合政策学部・井庭研究室
上智大学文学部・北條研究室
東京電機大学未来科学部・百田研究室
AGORAsia Youth
(慶應義塾大学大学院・大川研究室)

自分と進路がみつかる 自主研究「5×2」

２年生で、自分が興味を持った事柄について自由に研究して発表するのが、自主研究「５×２」です。選ぶテーマはそれこそ自由。将来の進路を決める大きなヒントになっています。優れた研究を行った２人が紹介します。

2年 **稲川春菜**さん
2015年卒業 **松原亜希子**さん

●テーマは自由（稲川さん）

教育、歴史、社会、介護、医療、福祉etc.……「５×２」の研究テーマを探すことは、どの分野にいちばん関心を持っているのかを自分自身に問いかける絶好のチャンスです。自分がどの方面の大学に進学したいかなども、これによって知ることができます。

先生からのアドバイスを受けながら、１年間を通して、そのテーマについて自分が納得できるまで追究。研究記録・実施記録を先生に提出しながらレポートをまとめていきます。優秀者の作品は「作品集」で紹介され、新入生に向けてプレゼンする機会があります！

●大学でも同じ研究をつづけたい（松原さん）

具体的に何をテーマにしたかというと、「児童の発育障害《しょうがい》」についてでした。小学生のとき、学校に発育障害をもった子がいて、その経験から、そういう人たちがより良い生活を送るにはどうしたらいいかについて興味を持ちました。

夏休みには施設に行ってボランティアをしたり、図書館でいろいろ調べたり、インターネットを利用して現状を知ったりと、とても充実した研究ができたことで、進路選びの参考になりました。今年から大学生ですが、大学でも、同じテーマを研究していきたいと思っています。

新しい自分に出会う留学体験

グローバル化の必要性が叫ばれはじめる前から、国際理解教育に力を入れてきた富士見丘高校。“グローバルスタディプログラム”の一環として、1年次から2年次に、3カ月～半年にわたって海外留学を体験することができます。留学を体験した3人が、対談形式で留学時の様子を紹介します。

3年 **山本奈穂**さん

3年 **久保樹梨亜**さん

3年 **佐藤千聖**さん

●留学のきっかけ

山本　私が留学したのは、高校1年の8月から次の年の2月までの約6カ月だったけど、あっという間に過ぎていって、いまでも半年も海外で過ごしたことが信じられないくらい。みんなはどうだった？

久保　私も同じ。私は3カ月間だったから、ほんとうにあっという間だったな。いつかまた留学して、今度は長期間にわたってじっくり勉強するつもり。

佐藤　私も３カ月間。私にとっては３カ月でちょうどよかったという感じ。

久保　山本さんはアメリカに行ったんだよね。

山本　そう。ロサンゼルスにある富士見丘の姉妹校に行ったよ。中学２年のときにオーストラリアに短期留学をしたことがあって、高校に入ったら本格的な海外留学を体験してみたかったんだ。高校進学のときに富士見丘を選んだのも、国際交流に力を入れている学校だということが一番の決め手だったから……。

久保　私の場合は幼稚園のとき、イギリス人の英語の先生の話すイギリス英語の美しさにあこがれて、それが留学のきっかけになったの。

佐藤　だからイギリスに留学したのね。

久保　そう。イギリスの魅力が充分に味わえた３カ月間だったよ。佐藤さんはどうだったの？

佐藤　私はオーストラリア。自分の英語力がどれくらいのものか、実際に試してみたかったというのが留学のきっかけかな。

●授業の内容は？

久保　私は短期留学生のプログラムに沿って授業を受けたの。学生寮での生活だったんだけど、いろんな国からの留学生がいて、彼女たちと英語で会話できるようにがんばったんだ。

佐藤　私が留学したところは、みんなでディスカッションする授業がいくつかあって、それには苦労したなあ。最初のころは先生が何を言っているのかも分からなくて、自分の思っていることを英語で表現するなんて、とても無理。でも、先生が２人でペアを組むなどの配慮をしてくれたおかげで、だんだん理解できるようになってきて、終わりのほうではそれなりに英語が口を突いて出てくるようになったんだ。

山本　私の場合も、プログラムの内容に沿って授業を受けたんだけど、とにかく私が第一に心がけたことは、自分の能力の限界まで英語を身につけようということ。だから、留学中はすべての日本語をシャットアウトして、英語だけで考えて言葉にできるように努力したの。SNS

やLINEなんかを使えば日本にいる家族や友だちとも簡単に会話できるけど、それもストップして、どっぷり英語漬けの生活。ホームシックにかかる暇なんかなかったなあ。

佐藤　さすが‼　じゃあ英語もかなり上達したでしょう。

山本　それなりに自信はついたけど、逆に、帰国したらしばらく日本語がうまく出てこなくて困っちゃった（笑）。

●留学の思い出

久保　ところで、向こうでの生活はどうだったのかな。

佐藤　私の場合は、３カ月の留学期間はぜんぶホームステイしたんだけど、１カ月ずつステイ先が替わっていって、結局、３つの家庭のお世話になったの。せっかく親しくなったのにすぐお別れでさびしい思いもしたけれど、逆に言えば、３つのホストファミリーに出会えたわけだから、かえって友だちや知人が多くできたという収穫があったかもしれない。

山本　海外に友だちができるということは、留学することの大きなメリットだよね。私は留学前から、ボランティア活動を通じてそれなりに外国人の知人もいたんだけど、学校で一緒に机を並べて勉強した友だちには、やっぱり格別なものを感じるよね。

佐藤　そうだよね。私も初めは英語でのコミュニケーションに苦労したけど、その分、会話が成り立つようになると、とてもうれしくて、大切な友だちになったよ。帰国後も、その友だちとは、スカイプやフェイスブックで会話をしたりしているの。

久保　私はイギリスで少林寺拳法《けんぽう》の演武を見せたら大喜びしてくれて、いまでも地球の裏側から「ショーリンジがんばって！」って応援してくれるんだ（笑）。

●自分はどう変わった？

佐藤　海外で生活してみると、逆に日本のいいところがいっぱい見えてくるよね。オーストラリアもとてもいい国だと思ったけど、やっぱり日本っていいなと思った。

山本　自分が育ったのとは異なる文化の中で生活したか

ら、周囲が鏡みたいに自分を映してくれて、それで日本人としての自分自身に気づくことができたのかもしれない。留学中は毎日がワクワクの連続で、いつも新鮮な気持ちで過ごしていたけど、外国という異文化の環境だったからこそ、浮かれることなく自分自身を振り返ってみる機会になったんじゃないかな。

佐藤　ちょっとカッコよく言えば、海外での生活が、かえって日本人としてのアイデンティティを目覚めさせてくれたということだよね。

久保　そうだね。私は中学生のころから、将来は放送局の仕事がしたいと思っていたんだけど、留学してみて、ますます文化の異なる日本と海外の橋渡しになる仕事に就《つ》きたいと考えるようになったんだ。

佐藤　私はまだそこまで考えてはいないけれど、やっぱり英語と関わる仕事はしたいな。

山本　私も、将来までは見えていないけど、大学は国際関係の学部学科に進んで、インターナショナルな仕事をしたいと思っているん

だ。日本人としての誇りをもって海外で活躍したいと思う。

●海外留学をめざす人たちへ

久保　もし後輩の皆さんで留学を迷っている人がいたら、ぜひ思いきってやってみてってアドバイスしたいね。
佐藤　留学中は自分の思い通りにならなかったり、うまくいかなかったりすることばかりだけど、それを乗り越えると、いままで見えなかったものが見えてきたり、自分に自信が持てるようになるんだと思う。留学は自分自身がどれだけがんばれるかを試せるチャンスなんだよね。
久保　たしかに。留学するには、大きな決心が必要だからね。向こうでの生活は、何事に対しても自分の知らなかった１歩を踏み出す勇気が必要になるから、その意味で、決断力が身につくんじゃないかな。
山本　そうだね。それに、留学は自分をいつもと違った環境に置くということだから、自分自身を見つめ直すいい機会になるんだよね。
久保　先生も友だちも親もいないから、どんなことも自分で解決しなければならなくなるし……。

山本　だから、そんなときこそ自分をしっかり持っていないといけないと分かってくるんだよね。私は半年間の留学期間中、ずっと日記をつけていたんだ。それを読み直してみると、自分がどんな人間かということが、よく分かる気がするの。そこから、自分の将来が見えてくるようになったと思う。

久保　そう。1人で海外にいると、向こうの友だちができて楽しいことも事実だけど、ある種の孤独感みたいなものを感じるのも事実なんだよね。

山本　でも、孤独感といっても、「さびしい」とか「悲しい」なんて気持ちとは違って、むしろ自分を見つめ直そうという積極的な気持ちにつながっていくんだよね。

佐藤　そんな気持ちを抱くからこそ、留学体験で自分が成長したと思えるのかな。

久保　たしかに、異文化体験や英語力が身についただけじゃなくて、そういうことも大きな収穫になったよね。いろんな意味で、ほんとうに留学してよかったよね。

アットホームな
富士見丘with 商店街

70年以上にわたって笹塚の地に校舎を構える富士見丘。地元の商店街の方々とのさまざまな交流イベントを行っています。その様子を対談形式で紹介します。

商店街
秋元浩さん：十号通り商店街振興組合理事長
大金豊和さん：笹塚を愛するチームササヅカ副代表

生徒会
星野沙奈さん：会長　**堀口望さん**：副会長
太田香菜子さん：副会長　**櫻庭実佐子さん**：書記

●富士見丘の生徒の印象

星野　商店街の方々とはよく一緒に活動させていただいているのですが、きょうは、私たちを普段はどう見ていらっしゃるのか、ぜひお聞かせください。

大金　富士見丘さんは、私が生まれるずっと前から笹塚にありましたから、そこの生徒さんが朝夕に商店街を通って通学されているのは、もう当たり前の風景のようになっています。

秋元　素敵なお嬢さん方ですよね。みなさん、身なりも清潔《せいけつ》ですし、しっかりした女子校生だな、と思っています。

大金　みんな、きちんとした家庭に育って、学校でもきちんと勉強して部活にがんばっているというイメージですね。笹塚に住んでいる人たちは、みんなそう思っているんじゃないかな。

秋元　きちんと制服を着た女の子たちが商店街を歩いてくれるというのは、町全体も賑《にぎ》やかで華《はな》やいだ雰囲気になるし、商店街のイメージアップにもつながると思っています。それに、商店街ほど安全な通学路はないわけですから、お互いに、メリットがあるんじゃないかな……。

大金　十号通りの商店街には、監視カメラもしっかり取りつけてありますしね。また街灯《がいとう》はすべてLEDですから、照明が切れて怖い思いをすることもないはずです。

堀口　そういえば、駅から学校まで、怖かったり不安に思ったりしたことはないなあ。今まで気づかなかったけど、そんな理由があったんですね。

●回収した生ゴミを肥料に

星野　商店街と富士見丘の交流について、まず挙げられるのが、商店街の八百屋さんや花屋さん、お茶屋さんなどから出る生ゴミを回収して、校内にあるコンポストで肥料《ひりょう》に作り変えるということですね。

秋元　コンポストというのは、生ゴミなんかを中に入れて、肥料に変える装置だよね。

星野　そうです。富士見丘には以前からあったのですが、学校内のゴミを処理するだけでなく、数年前から、商店街の皆さんにもご協力いただくようになりました。

太田　そうして集めた生ゴミでできた肥料は、「エコリン」という名前をつけて、商店街のいろんなイベントで福引の景品として配っていただいたり、販売していただいたりしています。

堀口　それに、このエコリンがきっかけで、商店街の花屋さんに肥料についていろいろ教えていただいて、ベネッセが主催している「新しい学びフェスタ」というイベントのポスターセッションに参加したりしています。

櫻庭　ポスターセッションでは肥料について科学的な視点から説明するわけですから、お花屋さんから教えていただいたことがすごく役に立ちました。

秋元　その意味で、エコリンは富士見丘さんと地元商店街の交流の象徴みたいなものかもしれないね。

大金　それに、１年に２回ほど開催している「スポーツゴミ拾い」というイベントにも、富士見丘の生徒さんたちがボランティア・スタッフとして参加してくださっています。地域の方々がぜんぶで250人ほど集まってスポーツ感覚でゴミ拾いをするわけですが、ゴミ拾いはもちろん、ポスターを貼《は》っていただくなど、いろんなところで生徒さんに協力していただいてますね。

太田　スポーツゴミ拾いはとても楽しいですよね。私たち生徒会はいつもスタッフとして、日程の決定から生徒への呼びかけ、そして当日の運営をお手伝いさせてもらっています。毎回80人くらいの生徒が参加しますね。

●夏休みの"ちびっこまつり"にも協力

大金　あと、笹塚の町が富士見丘さんに協力していただいているイベントとしては、毎年、夏休みに開催している"ちびっこまつり"がありますね。

秋元　そう、もう50年近くもつづいている笹塚のお祭りなんですが、これにも富士見丘さんに参加してもらい、お祭りの運営にご協力いただいています。

太田　私たちが主にやらせていただいているのは、お祭りに来た人にアンケートを取ることだよね。

秋元　そのアンケートが、祭りのあとの反省材料になったり、来年の計画を立てるときのヒントになっています。

●これからも積極的に交流を

星野　このほかにも、たとえば春休みに吹奏楽部《すいそうがく》が笹塚で演奏したり、秋の文化祭では、商店街のお店にご協力いただいて、模擬店《もぎてん》で食べ物を販売したりしています。

大金　でも、それだけじゃなくて、これからもっと交流を深めていきたいよね。せっかく同じ町にいるわけだから、もっと協力し合えることがあると思いますよ。

秋元　そうだよね。たとえば、富士見丘さんはスポーツが強いことでも有名だけど、何かの部が全国大会とか関東大会なんかに出場するときには、商店街にも横断幕を張って応援したり、優勝でもしたら、それこそ「祝・全国優勝！」ということで、一緒にお祝いしたいですよね。優勝セールなんかも開催させていただいて、商店街も便乗させてもらえればと思っています（笑）。

太田　横断幕が商店街に張ってあったら、私たちもうれしいですよね。私は運動部ではないのですが、友だちが大きな大会に出ると誇らしいし、笹塚の町で応援してくださるとなれば、もっと誇りに感じると思います。

大金　もうひとつ、もっと富士見丘の生徒さんに参加していただけたらと思うのが、“笹幡《ささはた》フェスティバル”というイベントですね。これは、毎年秋、隣り町の幡ヶ谷の方々と共同で開催している地域の文化祭みたいなイベントなんですが、富士見丘からは、去年は少林寺拳法《けんぽう》部の皆さんが参加して演武を披露してくださいました。

秋元　このイベントも、富士見丘からもっと多くのクラブのみなさんが参加してくださったら、私たちも楽しいよね。

堀口　きっと部活をやっているみんなも、発表の機会が増えるのは嬉しいと思います。

櫻庭　そうやって地域の方々と一緒に町を盛り上げていけたら、私たちも、高校時代のいい思い出になりますから、ぜひ積極的に参加させていただきたいです。

秋元　そうだね。ほかにも一緒にやっていけることは多いと思うから、これからもがんばりましょう。

3章

卒業生が語る富士見丘

未来に向かって大きく夢をもってください

神山まりあさん

2005年卒。成蹊大学在学中に休学して１年間ハワイに居住。同地で就労ビザを取得して働く。2011年、ミス・ユニバース日本代表。現在、G. M. Image Consulting 代表としてファッションアドバイザー、MC、モデルを務めつつ、GSC（グローバルシェイパーズ）によるプロジェクトに参加し未来ある若者を支援する活動を行う。

部活に勉強に全力の日々

高校生活でいちばん思い出に残っているのは、なんといっても部活や勉強に懸命にがんばったこと。部活はダンス部でしたが、ちょうど安室《あむろ》奈美恵さんが大活躍していたころでしたから、ダンスがうまくなれば自分もアムロみたいになれるんじゃないか……なんて女子高生らしい夢を抱いていました（笑）。

今もそうですが当時から富士見丘のダンス部は有名で、とにかく練習が厳しかったことを覚えています。特に先輩後輩の上下関係が厳しく、少しでも何かあると、呼び出されては叱《しか》られていました。でも、それでメゲるなんてことはなかったですね。逆に、その悔しさをバネにして、「やってやるぞ！」とファイトを燃やしたものでした。

ただ、厳しいとはいっても、先輩方も意地悪したりイジメたりしているわけではありません。優しいときは優しかったし、今でも尊敬の気持ちをもっています。また、そんな体験を共有したからこそ、部活の同級生とは今も仲が良くて、卒業して何年も経つのに、ときどき会っては現状報告や富士見丘での思い出話に花を咲かせているのだと思います。みんなそろそろ結婚して子どもを産んだりする年齢になっていますが、そんな高校の部活での横のつながりは、いつまでも続けていきたいですね。

なぜか完璧主義者でした

夏休みなど長期休暇中もほとんど毎日のように学校に来て、ダンスの練習に明け暮れていました。それこそ朝から夕方まで練習づけなのですが、でも、そのせいで勉強をおろそかにするなんてことは全然なかったですね。

科目では、特に英語と世界史が好きでした。ですから、単語帳や世界史のテキストなどは、クラブのときも、いつも手元にあって、それこそ手あかで真っ黒になるくらい。定期テストに対しては、テストの始まる2カ月か遅くとも1カ月前から勉強プランを立てて

対策を練《ね》っていました。とにかく生まれつきの完璧主義者で、部活も勉強も手を抜くなんてことが考えられなかったんです。しかも、それだけで終わらなくて、あれもやりたい、これもやりたいと、人一倍チャレンジ精神が旺盛《おうせい》ときていますから、そのうち精神的に追い詰められていったようです。

人生を変えた先生のひと言

そんな事情でしたから、2年生のとき、クラブの部長も務めていたにもかかわらず、とうとうパンクしてしまいました……。すべてを完璧にこなそうとして、自分がつぶれちゃったのかな。

でも、そんな私を見て的確にアドバイスしてくださったのが、担任だった美濃部《みのべ》先生でした。

先生は、「ぜんぶ完璧にやる必要はないのよ。気を抜いていいところは気を抜きなさい」と言ってくださったんです。その上、「すべてを自分でやろうとしないで、他人を信頼して、他人にも任せることを覚えなさい」というアドバイスもしてくださいました。

これには、まさに目からウロコ。先生のこの言葉は、あれから10年経った今でも、私の人生を大きく変えた言葉だったと思っています。まさに私のターニングポイントだったんですね。

それからは、すべて完璧にやろうとしないで、適当に手を抜いて……（笑）、ストレスフリーなポジティブ思考を手に入れることができました。先生のあのひと言がなかったら、今ごろ私は自分が勝手に作った重圧に耐えきれず、押しつぶされていたかもしれません。つらかったけど、体験してほんとうに良かったと思える出来事でした。

富士見丘の雰囲気

私が富士見丘に入学した理由は、まず、自宅から近かったから（笑）。歩いても通える距離だったので、通学によけいな時間を取られる心配がなかったんですね。それに加えて、なんとなく女子だけのほうがいいという気持ちがあったことも事実です。なぜそうだったのか分かりませんが、結果的に、この選択は大正解だったと思っています。

というのも、女子高の気楽さはもちろんですが、富士見丘は国際交流に特に力を入れている学校で、それが、卒業後の私に大きな影響を与えているからです。なにしろ、先生方も、「留学経験者や帰国子女のほかに、海外からの留学生も1つの教室にいて、休み時間には英語で会話している声が聞こえる」とおっしゃっているくらい。そんな雰囲気のなかで思春期を過ごせたことが、今の私を作り上げていると思っています。

先生方も気さくに接してくださいましたし、ほんとうに過ごしやすい学校でした。これは卒業して何年か経ってからのことですが、私がミス・ユニバースの最終選考のためのトレーニングで富士見丘の前をランニングしているとき、校長の吉田先生とばったりお会いしたんですね。それからまた学校にちょくちょく遊びに来るようになったのですが、こんなことも、富士見丘の優しい、温かい雰囲気のせいかもしれません。

これからの若者を支援

今、私が代表を務めているG.M.Image Consultingというのは、イメージコンサルタントの会社です。

イメージコンサルタントというのは、簡単に言えば、対象となる人の職業とかライフスタイルなどに合わせて、その人の服装やヘアスタイルといったファッションの部分から、表情や姿勢、歩き方、話し方、マナーなどにいたるまで、さまざまな内容に関してアドバイスをするプロフェッショナルのこと。要するに、外見を整えることでその人の内面性にまで変化をおよぼして、結果として、その人にふさわしい生き方が見つけられるようコンサルティングするという仕事です。

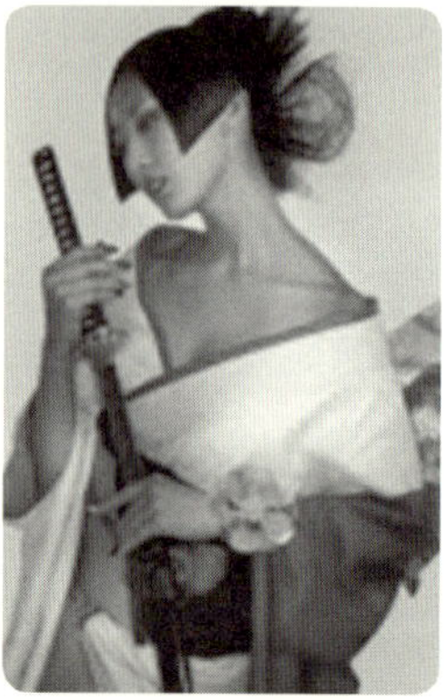
ミス・ユニバース時の着物姿のポーズ

たとえば、女子高生が制服や髪型などをきちんとすることで、勉強や部活をしっかりやろうという気持ちになってくる……。ちょっと大ざっぱですが、そう言えば、だいたいお分かりいただけると思います。これからの人材育成において、大事な仕事ですよね。

また、GSCというNPOにも参加して、若者を支援するいくつかのプロジェクトも行っています。イメージコンサルタントの仕事もそうですが、これも、これから社会の中で大きく羽ばたいていこうとする若い人たちを応援する仕事です。

今の女子高生たちに将来どうなりたいかと聞いてみると、みんな「普通でいい」と答えるんですね。でも、何が「普通」なのかは誰にも分からないし、一見、特別に見えることも、その人にとっては普通ということもあるはずです。自分で勝手に限界を設けるのでなく、大きな夢をもって、それに向かって羽ばたいていってほしい……そんな気持ちを抱きながら、これからも、この仕事を続けていきたいと思っています。

テニス、テニス、テニスの３年間

小畑沙織さん

1997年卒。卒業後はプロテニスプレーヤーとして活躍。世界ランキング最高39位。ウィンブルドン大会にも出場するなど、日本を代表するプレーヤーの１人。富士見丘在学中に、インターハイのシングルス、ダブルス、団体で優勝するという快挙を達成する。

北海道からテニス留学

中学校まで北海道の札幌に住んでいた私が富士見丘に入学したのは、ここが日本でいちばんテニスの強い高校の１つだったから。子どものころからテニスひと筋だった私にとって、富士見丘は３年間の青春を過ごすのに最適な環境だと思えたんですね。推薦してくださる方がいて、その方のアドバイスに従って入学させていただいたのですが、結果的に、これが私にとって最高の選択になったと思っています。

その推薦してくださった方というのは、いまも吉祥寺でテニススクールを運営していらっしゃる畠中先生。先生も富士見丘の OG で、３年間、何人かの部員の仲間と一緒に先生のご自宅で生活しながら、テニスと勉強に励んでいました。

そのころの富士見丘のテニス部には、高校だけで50人近くの部員がいたのではないでしょうか。そのうちの３人が高校生の全国ランキングの５位以内に入っていましたが、それだけでも、富士見丘テニス部のすごさが分かっていただけるのではないかと思います。

そんな環境のなかで日々の練習をさせていただいたことが、それからの私の人生にどれだけ大きな糧になったかは、とても言葉で言いつくせません。ほんとうに富士見丘にはお世話になったと、いまでも感謝の気持ちでいっぱいです。

テニスに明け暮れる日々

そんなわけですから、高校時代の３年間は、まさにテニス漬《づ》けの日々。平日は夜まで練習で、休みの日は朝から練習するか、そうでなければ試合に行くかのどちらかです。試合に出るのは団体で５人ですから、レギュラーになれるかどうかは自分の努力しだいということになります。でも、みんなライバルではあっても、ギスギスしたところは全然ありませんでしたね。仲が良くて、お互いに励まし合いながらがんばっていたことを覚えています。

ほかにも、日野にあるテニスコートのまわりの１周300メートルの距離を50周走ったり、２年のとき、鳥取でのインターハイで負けて、みんなで自分たちに活を入れようと宿舎まで10キロの道を走って帰ったこともありました。まあ、ほん

とうにあのころはよく走ったものです……（笑）。

でも、土曜日の練習は、レギュラーではない、ほかの仲間たちとも一緒に練習するんですね。テニスの初心者も多くいましたから、彼女たちとのテニスも楽しい思い出になっています。

授業だけが勉強タイム

でも、テニスだけが高校時代のすべてだったわけではありません。たしかに普段はあまり勉強できなかったけど、その分、授業には集中していたと思います。なにしろ夜は疲れていて勉強する気になれませんから、授業だけが私の「勉強タイム」なんですね（笑）。ほかのクラスメイトみたいに予習復習をしっかりやるなんてことができないかわりに、ただ授業を理解してその場で吸収することを心がけていました。

でも、テスト前の１週間になると、さすがに厳しいテニス部も休みになるんです。ですから、そのあいだは必死で勉強して、普段の遅れを取り戻そうと思っていました。部活のコーチも、いつも「テストはしっかり受けるように」とおっしゃっていましたから、サボろうなんて思わなかったですね。

また、試合や遠征で授業に出席できないことも多かったのですが、先生が補講をしてくださったり、クラスメイトがノートを取ってくれていたり、試合とテストが重なるときはレポートの提出でテストに代えてくださったりしていました。そんなわけで単位もきちんと取れたことには、先生にもクラスメイトにも、ほんとうに感謝しています。

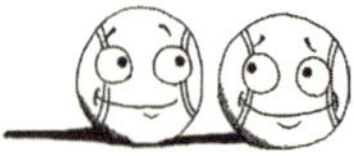

楽しかった学校生活

放課後になると練習でしたから、私にとっては始業から放課後までがテニスから解放される「自由時間」だったのかもしれません。ですから、クラスメイトとの時間は、ほかの何よりも貴重なものと感じていたと思います。

学校には、たとえば文化祭とか体育祭とか、勉強以外にも多くのイベントがあって、それが高校生活をいっそう充実させてくれるものです。でも、テニスひと筋の私には、それは無縁のものでした。文化祭など、みんなと一緒にはしゃぎたかったのに、ただ見る側でしかいられなかったのは、いまでも残念に思っています。

でも、どうしても参加したくてコーチに無理を言ったのが、修学旅行。ほんとうは大きな試合があって行けないことになっていたのですが、さすがに修学旅行は高校生としての最大のイベントですから、これだけは、とお願いして参加することにしたのでした。

行ったのは、九州の長崎でした。観光地の思い出はもちろんですが、ホテルでみんなで騒いでマクラ投げをしたり……。要するに定番の修学旅行の楽しみが体験できて、テニス以外で体験した高校時代の最高の思い出になっています。

高校では ぜひ部活を！

富士見丘は女子校ですから、毎日が気楽でした（笑）。変なところに気を遣わなくていいから、部活でも普段の生活でも、とにかく楽しいんですね。友だちもいっぱいできましたし、もちろん、いまでも仲が良くて、お互いに連絡を取り合ったりしています。気のせいかもしれないけれど、女子だけだったからこそ、かえって強い絆《きずな》を感じるのではないかと思えるくらいです。

高校時代に得た友だちというのは、ほかのときの友だちより、ずっとつながりが濃《こ》いように思います。この時代に一緒にがんばった友だちとのあいだには、格別なものがあるんですね。その意味でも、後輩のみなさんにアドバイスしたいのは、富士見丘に入ったら、ぜひ部活をやってみてくださいということです。運動部でも文化部でもいいのですが、一緒に同じことに打ち込んでいる仲間

当時、顧問《こもん》だった重田教頭先生と

がいる……それだけで高校時代の３年間がとても充実して感じられるし、その時代の思い出は、いつまでも忘れられないものになるはずです。

　私も、テニスを通じて多くの友だちと出会い、いまも私を支えつづけてくれています。いい友だちに出会えたということだけでも、富士見丘の３年間は私の人生にとって有意義だったと思っています。

夢を抱いて
過ごしていた日々

渡辺美南さん

2006年卒。青山学院女子短期大学卒業後、放送局勤務を経て、現在はテーマパークでガイドツアーとして勤務中。

先輩の優しさを見て入学

私が富士見丘に入学することになった一番のきっかけは、学校見学に来たとき、出迎えて案内してくださった先輩の方々が、とても優しかったことでした。ここなら安心して通うことができる……一緒に見に来た母もすっかり気に入ったようで、その場で「ここに入学しよう！」と決めたことを覚えています。

女子高ということは、ほとんど気になりませんでしたね。入学前はあまりイメージがつかなかったけれど、入ってみたら、かえって女子高でよかったと思ったくらいです。なんでも友だちにさらけ出せるし、変に気取らなくていいから、ストレスもなく伸び伸びと毎日を送ることができたと思います。

ですから、もし中学生の方で、女子高でほんとに大丈夫かなと心配している後輩の方がいらしたら、そんな心配はいらないから、安心して入学していいよ、とアドバイスしたいですね。むしろ、女子高だからこそ楽しめることがいっぱいあると私は思っています。

楽しかった高校生活

在学中は、まさに想像されるとおりの女子高生ライフを楽しんでいました。クラスメートとは、勉強の話はもちろん、部活の話とか、それ以外にも、女子トークに定番のアイドルの話題などで盛り上がったりしていたものです。

そんな毎日でしたから、みんな仲が良かったですね。クラスメートとは今も連絡を取り合っているし、ときどきは会って一緒に食事したりしています。もう赤ちゃんを抱いてくる友だちもいて、ああ、もうそんな年齢になっているんだ、と変なところで時間の経つのを自覚したり……（笑）。

入っていたクラブはクッキング部でした。もともと料理が好きで、自宅でもよく母の手伝いをしていましたから、趣味と実益をかねて料理づくりを部活にしたというわけでした。

また、学校見学のとき、調理室がとても清潔《せいけつ》だったことも、入部する大きなきっかけ。シンクもいっぱいあるし、手

もとを映すビデオなどの設備も整っていますから、使いやすいし、料理も上手になりますよ（笑）。私はどちらかといえば和食が得意料理なのですが、それ以外にもたくさんの料理を覚えましたね。そのときのレシピは今もちゃんと取ってありますが、女性の私にとって、ちょっとした財産だと思っています。

早朝の勉強も楽しく

自宅からの通学時間は、バスと電車を乗り継いで、だいたい45分くらいでした。クラスメイトの中には、千葉市や相模原市あたりから１時間半とか２時間かけて通ってくる子もいましたから、比較的近いほうだったかもしれません。

毎朝、７時半に学校に着いて、ホームルームが始まるまでが私の勉強の時間。私がいちばん早く来ていたのですが、誰もいない教室でひとりで勉強するのが好きだったんです。落ち着けるし、勉強にも集中できていたと思います。

もちろん、勉強は自宅でもやっていて、帰ってから好きなテレビ番組の時間になるまで、宿題や予習・復習を片づけていました。ですから、テスト前に慌てるということはありませんでしたね。成績は……うーん、みんなと同じくらいの勉強時間だったと思うから、まあ、可もなく不可もなくというところだったのかな。

得意科目は世界史と英語で、逆に苦手だったのが、数学とか理科の理系科目。２年生からの進路分けでは即決で文系クラスに進みましたが、これでやっと理系科目の負担が減ると思って、ほっと胸をなでおろしたものでした（笑）。

推薦《すいせん》入学をめざして

青山学院短大に進学しようと考えたのは、好きな先輩がそこに進学したので、ぜひ私もその人の後輩になりたいと思ったことからでした。それに私の母も青学の出身でしたから、そこに行こうと思うようになったのは自然だったのかもしれません。

それで、確実に合格するためには、学校から推《すい》薦《せん》をいただいて入学するのがいちばんです。青学の短大なら指定校推薦の制度もありますから、その推薦をいただくために、一生懸命勉強したものでした。

びっくりしたのは、先生に相談したとき、先生から指定校推薦のリストを見せていただいたときのこと。たくさんの大学や短大が富士見丘を推薦の対象校に指定していたんですね。それには私も、「こんなに選べるんだ……」と思ったことをおぼえています。もちろん、入試を受けて進学するのもひとつの道ですが、推薦で入るという手もあります。その点、富士見丘は指定校推薦の選択肢が多いですから安心できると思いますね。

いまの仕事に就いて

高校でコツコツ勉強する習慣がついていましたから、短大に進学してからも勉強がおろそかになるということはなかったと思います。そのため、自分で言うのは気が引けるのですが、それなりの成績は取っていました。おかげで就職も、いわゆる「有名企業」に決まったのですが、でも、そこは必ずしも私が一番に希望していた職場というわけではなかったんですね。

それなのに、そこに入ることになったのは、単純に、そこが第一志望より先に内定を出してくれたから（笑）。でも、どこか心残りがあって、結局、2年ほど勤めたあとで、一番の希望だった現在の職場に転職したというわけです。

いまの職場は、小さいときから私の憧《あこが》れだった場所です。ここで、来園するお客さまに総合案内というかたちでサービスを提供する仕事をしていますが、毎日が楽しいですね。もう一回、夢にチャレンジしてみようと決心して、ほんとうに良かったと思っています。

また、自分で新しいツアーのアイデアを出して採用されたりすると、前の職場では味わえなかったような満足感を得ることができる……。ですから、後輩の皆さんにも、何がほんとうに自分のやりたいことなのか、それを若いうちにしっかり自覚してほしいですね。富士見丘での３年間の高校生活は、きっとそれを教えてくれると思っています。

私の性格にぴったり合った学校でした

團《だん》 久美子さん

1999年卒。鶴見大学を経て、現在、実家の歯科医院で歯科医師として活躍中。

校風に惹《ひ》かれて

大田区に自宅がある私が富士見丘に入学したのは、「国際性豊かな若き淑女《しゅくじょ》の育成」という教育理念に、両親が共感をもったことがきっかけでした。私自身はあまり記憶はないのですが、とにかく私の性格に合いそうな学校だから——ということで、母に連れられて秋の学校説明会に来てみたんですね。

そのときは、おだやかな雰囲気の学校だなと、いい印象を受けたことを覚えています。母も同じだったようで、それで受験してみることになりました。その印象は入学してからも変わらなかったです。自宅から学校まで通学に１時間もかかったにもかかわらず、楽しい充実した高校生活が送れたことは、私にとって大きな幸運だったと、今でも思っています。

それに、これは入学してから思ったことですが、女子高ということも、私の性格に合っていましたね。変に異性の目を意識しなくていいので、ほんとうに伸び伸びと毎日を過ごすことができました。ですから、女子だけということに不安を持っている人がいたら、かえって女子高のほうが楽しく高校生活が送れるよ、と言ってあげたいですよね（笑）。

バトン部でのんびりスポーツ

入学してみて感じたのは、クラスメイトのみんなが「がんばりやさん」で、それでいて穏《おだ》やかな子が多いということでした。だから、毎日がとっても楽しかったし、イベントなどでも盛り上がることができましたね。

入ったクラブは、バトン部です。なぜバトン部にしたかというと、せっかく女子高に入学したのだから、あの華やかな衣装を着てみたいという単純な理由から（笑）。それに、当時は文化祭が渋谷公会堂で行われていてそこで演技発表できることが私にとってはとても魅力的でした。その日のために自

分たちで曲を選んで振り付けを考えたり、衣装《いしょう》を決めたりと、部員とあれこれ案を出し合い、その時できる精一杯の力を出し切って、みんなで作り上げていくことがとても楽しかったですし、一つの目標に向かってみんなでがんばるという良い経験ができたと心から思っています。大会に出場するというわけではなかったので、厳し過ぎることはなく、伸び伸びと部活動を楽しんでいました。

バトン部の仲間には、今は富士見丘で数学の先生をしている志水さんもいました。卒業してもう何年も経《た》つのに彼女とは相変わらず仲が良くて、いまでもよく会っています。そんな一生の友だちができたことも、富士見丘に入学して良かったと思うことの１つですね。

理系クラスでがんばりました

今はちょっと違うようですが、富士見丘では２年生から文系と理系に分かれるんですね。私も初めはどちらでもいいと思っていたのですが、歯科医として働いている母を見ているうちに、私も同じ道を歩みたいと考えはじめて、歯学部に進学しようと理系クラスに——ただ、国語や英語といった文系科目がなんとなく苦手だったことも、理系クラスを選ぶきっかけになったのかもしれませんが……（笑）。

勉強はよくやっていたほうだと思います。普段から、学校から帰ったら復習や予習で2～3時間は机に向かっていましたし、テストのときは1カ月も前から、寝ている時間以外は勉強していました。英語がちょっと苦手だったことは言いましたが、でも、定期試験対策で一生懸命がんばったことは、受験のときにとても役立ったと思います。

大学受験では苦手科目を避《さ》けて入試を受けることもできますよね。それでも私はまんべんなく学校の勉強をしていて、成績も悪くはなかったおかげで、推薦《すいせん》で歯学部に進むことができました。やはり日々の勉強が大切だということは、実体験として後輩の皆さんにもお伝えしたいですね。

楽しかった学校生活

そんなふうに勉強をがんばる毎日だったのですが、富士見丘で身についた「勉強する姿勢」というのは、卒業して大学に入ってからも、とても役立ったと思っています。

もともと富士見丘にはまじめでコツコツ努力するタイプの子が多かったです。先生もまじめな方ばかりでした。そんな環境で過ごしたからこそ、歯学部での６年間もなんとか乗り越えることができたのでしょうね。

もちろん、勉強ばかりの学校生活でなくて、楽しむときは、みんなと一緒になって心から楽しんだものでした。たとえば修学旅行の思い出などは、今でも高校時代の貴重な体験として心に残っています。

高２のときに九州に行ったのですが、とくに最後の長崎では、自由行動の１日を友だちどうしで地図をもって街歩きして、ほんとうに楽しい体験でした。そんな思い出ができたのも、気の合った友だちができた富士見丘だったからこそ、と思っています。

卒業から何年も経って思うこと

今とちがって、私たちが在学していたころは、もうちょっと校則も厳しかったような気がします。たとえば、髪の長い子は必ず２つのおさげに結ばなければならなかったり、ストッキングはダメでハイソックスしかはけなかったり、冬でもマフラーの着用はできなかったり……そんなことも、時代の変化に合わせて少しずつ変わってきているようです。

でも、そんな規則の中で過ごしてきたことで、社会に出てからの礼儀だとかマナーだとかが自然に身についたんですね。後輩のみなさんも、もっと自分の自由にしたいと思うかもしれないけれど、いつかきっと、あれで良かったんだ……と思えるときが来るはずです。一定のルールがあって、その中で勉強やクラブ活動をがんばるからこそ、自分の歩むべき道が正確に見えてくる——そんなこともあるんじゃないでしょうか。

最近では、文化祭が近づくと、私たち卒業生宛に、先生方全員の集合写真のついた招待状のハガキを出してくださるんですね。でも、

そこに写っていらっしゃる半分は私の知らない先生に変わっています。そんなことからも、自分が卒業してもうだいぶ時間がたったんだなと、しみじみ時の流れを感じています（笑）。

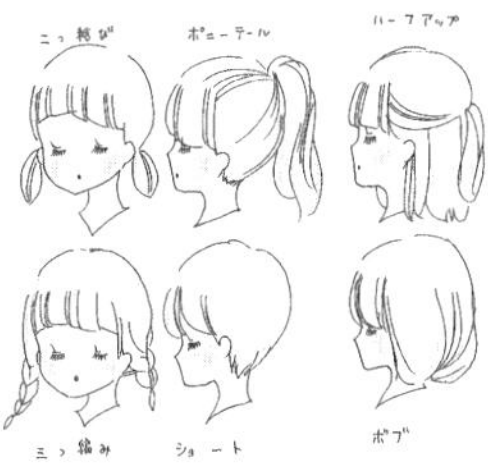

富士見丘での生活が私を先生にしてくれました

今田《こんた》麻里子さん

2002年卒。日本大学卒業後、中央区立中学校勤務。その後、現在は大田区立中学校で数学教諭として勤務。

なぜか数学が好き

私が富士見丘を卒業して進学したのは、桜上水にある日大文理学部。先輩や後輩の皆さんでここに進学された方も多いと思うのですが、そのほとんどが、人文系か社会系の文系学科だったのではないでしょうか。

でも、私が進んだのは、皆さんと違って理学系、それも「数学科」でした。女子には珍しい選択と言われましたが、いまも大田区の中学校で、この本の読者の皆さんと同じ年齢の生徒さんたちを前に数学の授業をおこなっています。

中学生のころから社会科などの暗記物は苦手で、数学や理科などの理系科目が好きだったんですね。私のころは富士見丘の３年生はぜんぶで10クラスくらいあったと思いますが、そのなかの２クラス全員と１クラスの半分が理系志望、残りは文系志望という内訳でした。ただ、理系でも、そのほとんどが看護系や医療系に進みましたから、純《じゅん》粋《すい》に数学とか物理・化学など

の理工系を受験したのは、20人くらいだったのではないかと思います。

よく「女子校は理系に弱い」などと言われますが、たしかに志望者は少ないけれど、富士見丘は先生もしっかり指導してくださるし、推薦《すいせん》制度も充実していますから、自分は理系科目のほうが好きという中学生の皆さんも、安心して入学していいと思いますよ（笑）。

先生から大きな影響を受けました

私が先生になりたいと思いはじめたのは、中学生のころです。高校に入ってますますその気持ちが強くなり、それで、自分なりに進路を考えてクラス選択をしていきました。

でも、最初は数学ではなく、国語の先生になりたかったんです……（笑）。国語の森先生にあこがれて、それで国語の先生になりたいと思ったんですね。森先生は、そのころ、ちょっとやんちゃしていた私を叱《しか》りながらも、ほんとうにしっかり指導してくださいました。そんな先生の姿を、自分自身の将来像と重ね合わせたのかもしれません。

富士見丘には、森先生のように生徒のことを心

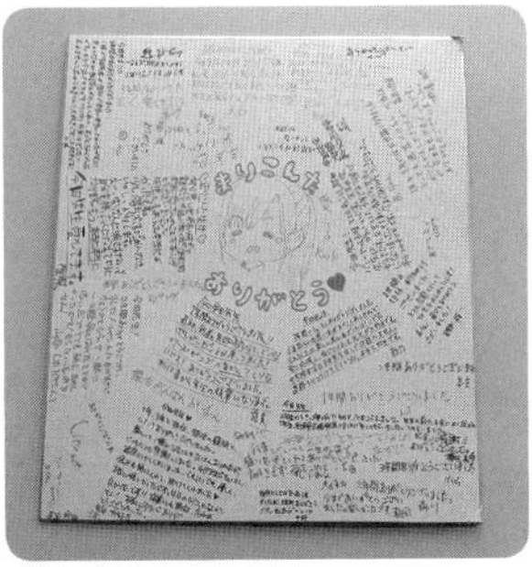

生徒からの寄せ書き

生徒からの贈り物

から心配して、面倒を見てくださる先生が多いと思います。大学進学の折にも大変お世話になりました。当時担任の飯塚先生が、私の母の相談にも乗ってくださり、さらには大学の先生とも連携《れんけい》をとって情報を集めてくれました。全面的なサポートはほんとうに心強いものでした。だからこそ、自分がいろんなことで悩んでフラフラしていても、しっかり正しい道にもどれることができるんですね。

　私も富士見丘に在学しているときは、そんな生徒の１人でしたから（笑）、それがよく分かります。もし富士見丘で学んでいなかったら、たぶん私は先生にはならなかった。というより、なれなかった。それくらい、富士見丘の先生との出会いは、私の人生に大きな影響を与えてくれたと思いますね。いま私は公立の中学で教師をしていますが、その原点が富士見丘での学校生活にあることはもちろんです。

楽しかったバレーボール部

入っていたクラブは、バレー部でした。なぜそこにしたのかというと、いろんな体育系のクラブがあったなかで、バレー部は入部テストがなかったから（笑）。富士見丘がスポーツが強いのはご存じのとおりですが、そのせいでしょうか、当時はいろんな部で入部テストをやっていたんですね。それで、入部テストのない、確実に入部できるバレー部を選びました。

練習は楽しかったですね。ほぼ毎日のように放課後は6時までしっかり練習していましたし、朝練《あされん》も、毎日ではなかったかもしれませんが、よくやっていました。朝練のある日は、5時ごろには起床して6時過ぎに家を出て、7時に学校に着いて8時ごろまで練習――そんな生活でしたが、イヤだとか苦しいとかはまったく思いませんでした。

それくらいバレーが好きになっていて、バレーをやるために学校に通っていたようなもの……なんて言ったら、先生に叱られるかな（笑）。たしかに部としては強くはなかったけれど、いい先輩や友だちに恵まれたことは、大きな収穫だったと思っています。

でも、そんなわけで、勉強は普段は軽く宿題をやるくらい。テスト前になって真剣に取り組むことにしていました。実際、テストの直前１週間は部活も休みになりますから、ほとんど１日中、勉強していましたね。部活のせいで勉強ができないということはありませんから、後輩の皆さんも、ぜひ何か自分の好きなクラブを見つけて入部されると、きっと楽しい高校生活を送ることができると思います。

委員会でも活躍

部活以外で思い出に残っているのが、２年生のとき総務委員を務めて、修学旅行などのいろんなイベントでがんばったこと。なぜ総務委員になったかというと、とにかく先生が好きで、がんばって先生に誉《ほ》めていただきたかったからなんですね。さっきも言いましたが、先生方は、やんちゃしてたあのころの私を温かく

指導してくださいました。中でも長島先生は私のことを信じて、じっと見守っていてくださったそうです。そんな長島先生が委員会の担当だったことで、ぜひ私も委員になって、みんなの役に立とうと思ったんです。

修学旅行では、何人かの単位で班をつくるのですが、その班ごとの行動計画を、私たち委員で作成したりしました。みんなのために何かをするということの楽しさを、そのとき初めて知ったように思います。

修学旅行先は九州で、中でも阿蘇山とか長崎が思い出に残ってますね。委員でしたが、私自身もすごく楽しんで、これも高校時代のいい思い出になっています。

富士見丘のいいところ

卒業生として富士見丘の「いいところ」を挙げるとするならば、なんといっても先生方の面倒見がいい、ということになると思います。先生方は、まるで父親や母親のように私たちに接してくださいます。

また、勉強でわからないところや理解が浅いところがあると、どんなに質問攻めにしても、こちらが納得するまでとことん説明してくださいます。私が大学に合格できたのも、そのおかげと言っても言い過ぎではありません。受験に必要な物理や化学なども、それで自信をつけたくらいでした。

そんなわけで、いまの私があるのは、富士見丘で出会った多くの先生方のおかげ。その経験を、これからの私の教員生活に活かしていこうと思っています。

私の「今」に つながった高校時代

石井由実子さん

2003年卒。東京外国語大卒業後、（株）日立プラントテクノロジー入社。その後、ロンドン大学東洋アフリカ研究学院を経て、（独）国際交流基金勤務。現在はインドのカラーシュラム芸術学院でインド舞踊《ぶよう》の研鑽《けんさん》を積んでいる。

私の進む道を教えてもらいました

両親が音楽好きだったこともあって、小さいころからピアノを習っていて、自然と音楽の道に進みたいと思うようになっていました。小学生のころから、将来は音楽大学に進学しようと決めていたんですね。

ですから、私が富士見丘を選んだのは、当時通っていた塾の先生から薦《すす》めていただいたことの影響が大きかったと思います。両親も私も、高校卒業後の音楽大学進学を大事な目標にしていたので、大学までの途中の過程はそんなに真剣に考えていなかったのかもしれません。

でも、そんな私が音楽の道ではない、別の道を見つけて進むことになったのは、富士見丘の先生方や友だちと出会ったからこそ。その意味で、私が富士見丘で過ごした日々は、自分の人生を決定するほどの貴重な歳月だったと思います。

バトン部の思い出

高校入学後に私が入ったクラブは、バトン部でした。音楽が好きだったことは先ほど述べましたが、子どものころから体操

舞踊カタックの一場面

とかダンスといった「踊り系」にも興味があって、入部しました。憧《あこが》れのクラブでしたから、入部できたことが嬉しくて、夢中で練習したことを覚えています。今はインド舞踊に興味があって、インドの芸術学院で研鑽を積んでいますが、高校3年間のバトン部の経験も、今の場所に辿《たど》り着くひとつのきっかけでした。

今でも特別に思い出に残っているのが、夏休みも学校に来て練習していたこと。練習時間は朝9時から午後3時くらいまでだったのですが、なにしろ夏の真っ盛りなので、暑いの暑くないのといったら……。それも校舎の屋上でやるわけですから、どんなに日焼け止めを塗《ぬ》っても真っ黒になってしまいます。喉《のど》がカラカラに乾くので、カチンカチンに凍《こお》らせた2リットル入りのペットボトルを持ってきても、もう午前中には空《から》っぽになっている。今なら熱中症で危険ということで学校から禁止されるところでしょうが、あのころは、まだそんなことには割と無頓着《むとんちゃく》だったんですね。

部員は１学年に18人でした。でも、なにしろみんな「出たがり屋」ばかりなので（笑）、言い合い程度のぶつかりはしょっちゅう。その原因といえば、「あの子ばかり先輩にかわいがられている」といった他愛もないものだったのですが、そんなことがあったあとは、かえって友情が深まって団結心も出てきたと思います。

また、こうしたぶつかり合いを高校時代に経験したことで、女性どうしの付き合い方というか、そんなデリケートな問題にもきちんと対応できる力がつけられたような気がしますね。今でもフェイスブックなどを通じて彼女たちとつながっていますが、こうした長く付き合える友だちと出会えたことも、高校時代の大きな収穫でした。ほんとうはオフでも会いたいけれど、みんな家庭に入って子育てで忙しかったりして、なかなかその時間が取れないのは残念です……。

一般大学への進学

音楽大学志望だった私が一般の大学に進路を変更したのは、２年生の終わりごろだったと思います。音楽ばかりでなく、他の世界を見たいという思いに駆《か》られたんですね。

好きな科目は英語でした。中でもネイティブの先生が担当していらっしゃる英会話の授業は、そのころの私にとっては外国人と触れ合える唯一《ゆいいつ》のチャンス。外国語でコミュニケーションする楽しさを感じ、英語の学習に意欲が湧《わ》きました。また、英語の町田先生も、私の英語の成績が上がっても、決してうぬぼれないよう手綱《たづな》を締めてくださっていました。おかげで順調に勉強も進んで、高３になるころには少しずつ自信もついてきました。

大学受験は、幸いにもセンター試験で良い点が取れて東京外語大を受験することにしました。海外への修学旅行やネイティブの先生による授業など、富士見丘には人とのつながりを通じて海外の文化や

価値観に触れる機会が多くあり、日本の外の世界を自然と意識する環境があったと思います。外国語学部を選んだのも、異文化や外国に対する関心が、自分の中に自然と育っていたからだと思います。でも、ほとんどの人は、私が国立の大学に合格するなどとは思ってもいなかったらしくて、私が東京外語大に行くことが決まると、ちょっと驚いていたみたいです。なにしろ、3年生の秋までピアノの個人レッスンを受けていましたから、それも仕方ないかもしれませんが（笑）。

国際化時代を生きる

前にも述べましたように、富士見丘にはなんとなく入学した感じでしたが、今ではこの学校で学ばせていただいてほんとうに良かったと思っています。

その「良かった」ことの一つは、まず女子校だということ。人生の中でもいちばん感受性の強い時期を過ごすわけですが、女の子どうし、気楽に毎日を過ごせて、あまり自分を飾る必要がない。ありのままの自分で生活できるんですね。おかげさまで、ほんとうの自分らしさが素直に性格として現れてきたと思っています。共学に憧れるという気持ちも分からなくはないけれど、女子校には共学校にない素晴らしさや面白さがあることは、私が保証します。

また、富士見丘は当時から国際化教育に力を入れていた学校で、それが今の自分にどれだけ影響を与えているかは、とても言葉で言い表すことができないくらいです。国際化の時代に即応した学校の雰囲気が、自然に自分の中に浸み込んでいたのかもしれませんね。このことが東京外語大で勉強しようと思うきっかけを生み、今の私の、世界の多様性と向き合おうとする視点を築くことにつながったと思います。「国際化」と一言で言うのは簡単ですが、各国がそれぞれの文化や主義主張、異なる社会構造を持っていて、本当の意味で国際社会で生きるには、まず自分自身が「外国人」としてその社会のどこかに足を突っ込むことから始まると思っています。私の場合、世界の中でも多面性に富んだインドで、その土地の舞踊を探究しながら自分のアイデンティティーとは違う世界に向き合っています。

ウルドゥー語劇「はだしのゲン」
パキスタン公演の一場面

大学で学んだのは、ウルドゥー語という、たぶん、皆さんにはあまりなじみのない言語。そんな見知らぬ言語を勉強してみようと思ったのも、やはり富士見丘の国際化に重点を置いた教育が強く影響していると思います（ちなみに、ウルドゥー語というのは、北インドとパキスタンを中心に話されている言葉です）。

また、大学卒業後にせっかく就職した会社を辞めてイギリスに留学したのですが、そんな思いきったことを決断をしたのも、高校生という感性の豊かな時期に、富士見丘で日本にいながら海外との接点が持てたことと関係があるのでしょうね。

そんな私の経験談でしたが、後輩の皆さんも、富士見丘に入学したら、いろんなことに興味を持って、勉強でも部活でも、将来の自分につながる経験を積んでいってほしいと思います。

未来の後輩たちへ これが富士見丘です

富士見丘高校には、卒業後、教師として本校に戻ってきたOGも少なくありません。ここでは、そんな５人のOGの先生方に集まっていただきました。

生徒として過ごした富士見丘と、現在の富士見丘。思い出話を交えて、生徒や学校の様子を語り合ってもらいました。

出席者
椎名幸枝先生：1974年卒。早稲田大学を経て、1978年本校赴任。英語科
西村典子先生：1979年卒。日本体育大学を経て、1983年本校赴任。保健体育科
長谷川翠先生：1992年卒。日本体育大学を経て、2009年本校赴任。保健体育科
志水美緒先生：1999年卒。日本大学を経て、2008年本校赴任。数学科
小田美波先生：2004年卒。白百合女子大学を経て、2012年本校赴任。英語科

富士見丘の「変化」そして「変わらないもの」

西村　年代の違う卒業生が再び母校の教壇に立つとは、きっと深いご縁があるのでしょうね。私たちの高校生のころを振り返りながら、今の富士見丘の様子と比べてみたいですね。はじめに、椎名先生いかがですか。

椎名　在学中と言っても40年も昔なので、さすがに変わったなと思うことは多いですね。当時は商業科とか秘書科もあり、大学受験する子はむしろ少ないくらいでした。進路選択も就職を含めて様々でした。今は大学進学者が大半なので、そんなところ

椎名先生

からも雰囲気がずいぶん変わったなと思います。生徒たちの価値観も変わったと思う部分が多いですね。

長谷川　それは富士見丘に限らず、社会の変化を受けて他の学校にもあるでしょうね。

志水　確かに椎名先生がおっしゃったように、昔とちがって富士見丘は完全に進学校になっていますから、生徒はもちろん、お嬢さんを通わせている保護者の方々の持つイメージも以前とは違っているかもしれませんね。

小田　それに、今は学年に何人も帰国子女がいて、互いに日本語と英語を教え合ったりする光景も見られます。そんなところも、昔と変わった一面ではないでしょうか。

長谷川　たしかに。グローバル化が進むなかで、学習環境や話題など、ずいぶん変わりましたよね。でも、改めて振り返ると自分たちの高校時代と同じだなと思うことも多いですよ。

小田　どんな点ですか？

長谷川　ひとつの例だけど、お掃除のときは、割《かっ》烹《ぽう》着《ぎ》を着ますよね。これは私たちが生徒のときも同じでした。ただ格好だけじゃなく、掃除をきちんとする、という姿勢をもたせる女子教育は昔も今も同じ。富士見丘の「淑女《しゅくじょ》の育成」という根本的な理念みたいなものは、少しも変わってないと感じますね。

西村　生徒の気質とか、雰囲気はどうでしょうか。自分自身の周りには、ボーイッシュな子やサバサバした子が多かった印象です。でも、決してガサツだったわけじゃなくて、みんな優しくて思いやりのある生徒でした。

西村先生

志水　優しいという点では、当時も今も、みんな思いやりのある心の温かい子たちだと思います。

椎名　そうね。心根の優しい子が多いというのは、昔も今も同じですよね。

一人一人の生徒のために　～富士見丘高校の先生との思い出～

西村　あたり前だけど、富士見丘生が授業をきちんと受けるようしっかり指導されていることは、昔も今も変わらないですね。椎名先生の英語の授業が厳しくて、叱られないようしっかり勉強しているという生徒は昔からいっぱいいましたから（笑）。

小田　私もその一人です……（笑）。先生の質問に答えられないと、しばらくは机の横で立たされたままでしたから、とにかく、座れるように勉強しました（笑）。しっかり鍛《きた》えていただいたおかげで、こうやって英語の教師になれたわけですから、椎名先生には感謝しています。

でも、厳しいだけではなくて、先生方からは、温かさが感じられましたよね。たとえば、友だち同士で解決できないことも先生には相談できたり……。そんなことがあって、私も教師をめざそうと考えるようになったんです。だから、もしほかの高校に行っていたら、教師にはなっていなかったと思います。

志水　私も高１のときに教師をめざそうと決めたのですが、やっぱり先生方を見ているうちに、そう思いはじめたことをおぼえています。先生方の影響は大きかったですね。

長谷川　私もそうです。富士見丘ではじめたソフトボールに夢中になって、それで体育大学に進学することになったし、今こうして体育の教師をやっているのも、ここでいい先生に出会ったことや部活動をがんばったことが第一の理由だと思います。

長谷川先生

椎名　私の時代は、女性が男性と対等な立場で生きていくためには、先生になる以外にはあまり選択肢がなかったんです。今は女性も様々な生き方が選べるようになり、その意味ではいい時代になったと言えるのかもしれませんね。

西村　皆さんのお話を聞いていると、それぞれ高校時代、富士見丘の先生たちと深い交流があったり、刺激を受けたり、というエピソードが多いようですね。

長谷川　「時代は変わっても、一人ひとりの生徒に対し真剣に向き合う、生徒もそれに応える」という富士見丘の基本的なところは変わっていない、ということだと思います。

椎名　生徒一人ひとりに個性がありますから、それぞれの個性に合った教育をする必要がありますね。英語を例に言うと、苦手な生徒のなかには、英語という言語自体に拒否反応を示す子もいれば、ただ演習量が少ないから点が取れないだけという子もいる。ほんとうにそれぞれの個性をみて指導することが大切だと思います。

志水　私は数学が最初から好きだったわけではなくて、まず教師になりたいという気持ちが先だったんですね。それで、どの教科にしようかと考えたとき、嫌いではないけど苦手な教科の教師になろうと思いました。

志水先生

西村　意外な話です。なぜですか？

志水　自分が苦手だから、同じように苦手な生徒にも分かりやすい授業ができるんじゃないかと考えたんです。生徒の気持ちが理解できるからこそ、そんな子たちに数学のおもしろさが伝えられると思っています。

西村　そうよね。私は体育担当だけど、体育がどうしても苦手という生徒も少なくないから、その子の身になって授業を進めるというのは大切だなと感じます。そして、その過程で苦手を克服していけるよう、私たち教員が支援することはとても大切よね。富士見丘には昔から、生徒一人ひとりに真剣に向き合い、能力や持ち味を理解して適切な指導をすることが浸透していたと言えますね。

「厳しさ」の中の温かさ～社会に出て気づくこと～

小田　富士見丘では英語が苦手だったのに、大学に行ったら急に英語ができるようになったという卒業生も多いですよね。

椎名　そう、高校時代は英語があまり得意でなかったのに、いつの間にかアメリカに渡って、そこでバリバリ仕事している卒業生もいます。

長谷川　富士見丘は英語教育にはとくに力を入れてますから、卒業後に実を結ぶようになるということなんでしょうね。

西村　基本的には本校の生徒はまじめで努力家が多いですよね。それだからきっと、大学生あるいは社会人になってからの「本当の学び」のための基礎力や学ぶ意欲が、高校時代にしっかり身につくのだと思います。

小田　鍛えられたのは勉強面だけではないですよ。高校時代に正直なところうるさいな、と感じていた先生方の指導が、今になって「その通りだった」と腑《ふ》に落ちることがたくさんあるんです。ですから、私も教師として、「富士見丘で学んで良かった」と生徒に言われるような何かを与えたいですね。

小田先生

志水　たしかに。決して理不尽《りふじん》なことじゃなくて、時間を守りましょうとか、きちんと仕事に取り組みましょうとか、社会人として当然のことを身につけるための指導だったと今は実感できます。

長谷川　学校の「空気」が生徒に与える影響も大きいと思いますよ。富士見丘が以前からグローバルな雰囲気を持った学校であることは、実感として感じています。語学を生かした仕事についたり、海外で活躍したりしている卒業生が多いのも納得できます。伝統というのでしょうか、時代は変わっても、富士見丘の教育の根本は少しも変わっていない。生徒のみんなには、ぜひこの雰囲気のなかで、国際社会で活躍するための力を養ってほしいと思います。

椎名　たしかに、英語教育が充実しているということで本校に入学したという生徒も多いですね。
でも、英語をしっかり身につけるということだけでなく、極論《きょくろん》すれば、一人の人間として、どんなことがあっても自分の力で問題にぶつかって乗り越えられる素養《そよう》を身につける、ということでもあるんですね。そうした問題解決のための勇気みたいなものも養ってほしい。これが、先輩として、そして、教師として、私たちが生徒のみんなに望むことではないでしょうか。

西村　卒業年度や教科も様々な私たちですが、学生時代の富士見丘での経験も、また日頃感じていることも、びっくりするほど共通点がありましたね。出会った生徒が富士見丘で大いに学び、巣立ち、長い将来にわたって一人の人間として活躍していくことは、私たちにとってもこの上ない喜びですね。

娘３人を富士見丘で学ばせて

山本澄子さん

長女：恵さん。首都大学東京を卒業。東大病院を経て、現在、都内で訪問看護師として勤務。

次女：郁《かおる》さん。國學院大学を経て、現在、弥生株式会社にて営業職に従事。

三女：望さん。現在、日本女子体育大学在学中。

３姉妹が卒業生

娘３人がこちらで学ばせていただくことになったきっかけは、ほんとうに単純でした。長女の恵が高校受験をするというときになって、通っていた塾の先生から、この学校を薦《すす》めていただいたんです。それまでは、私も長女も富士見丘についてはほとんど何も知らない状態。ですから、それがこちらとの長いおつきあいの始まりになるなんて、そのころは考えもしませんでした。

長女が入学したことで、２年後には次女の郁《かおる》、そしてその６年後には三女の望も入学させていただくことになりました。やはり、長女が毎朝楽しそうに学校に行っているのを見て、この学校ならと、私も安心してお任せすることができたのだと思います。実際、３人とも、いい先生やいいお友だちに恵まれて生き生きと高校生活を楽しんでいましたし、卒業した今でも先生方やお友だちと親しくお付き合いしているようです。

そんな娘たちを見ていると、親として、富士見丘には本当に感謝のことばしかありません。あのとき塾の先生が富士見丘を薦めてくださったのも、富士見丘と娘たちのあいだの何かしら縁《えん》があったからかもしれませんね。

3人とも少林寺拳法《けんぽう》部の主将

3人とも中学まではバレーボールをやっていました。長女も、初めは高校でもバレーをやるつもりだったようですが、入学してすぐのころに校内で道着を着ている少林寺拳法《けんぽう》部の先輩たちを見て、「カッコいい！」と思ったらしいんです（笑）。

女の子が少林寺拳法なんて……と私などは思うのですが、なんと、2年後に入った次女も、姉から誘われたわけでもないのに同じクラブに入部。それを見ていた三女も、「少林寺なんて私はぜったいやらない」と言っていたはずが、やはり入部してしまいました。似た者姉妹といえばそれまでですが、いったい仲がいいのか、それともお互いにライバル意識を燃やしているのか、これればかりは母親の私にもよくわかりません。それに、3人とも主将を務めさせていただいたことは、高校時代のいい思い出になっているようです。

また、それ以上に、3人が少林寺拳法部に入ってよかったと私が心から思うのは、顧問《こもん》の先生方が素晴らしい方だったからなんですね。中島先生と関根先生のお2人の先生なのですが、娘たちも、「先生にウソを言っても、すぐ見抜かれる」と言っていますから、精神面でもどれだけ鍛《きた》えていただいたか……。親の私に言えないことがあっても、富士見丘に行って先生方とお話ししてくると、スッキリした顔にもどっているんですね。親としては、いつまでもお世話になってしまって、かえって申し訳ない気持ちなのですが（笑）。

いま、娘3人はそれぞれが自分の道を見つけて夢に向かって歩みつづけていますが、これも、先生方のご指導のたまものと思っております。

受験でもお世話になりました

富士見丘では、学期ごとの成績は、必ず親に手渡しでくださることになっています。私たち親が学校に訪問させていただいて、そこで先生と面談してコメントとともに成績表を受け取るのですが、長女の最初の面談の折、当時の担任の先生が「これからは大学入試に向けてスタートを切りましょう」と話されました。高校入試が終わったばかりなのに、もう大学受験を意識するのかと驚き、身の引き締まるような思いであったことを覚えています。富士見丘は、大学受験に対しても、それぞれの適性に合わせて真摯《しんし》な指導をしてくださっていることが実感できたのも、この時でした。

長女は、小学生のときに祖母が亡くなって、それを機に、将来は看護の仕事がしたいと思っていたようです。また、次女は、いつの間にかコンピュータ・ソフトのほうに興味をもつようになっていました。三女は、母の私が見ても、3人の中ではいちばん運動神経が優《すぐ》れていると思っていましたが、そのうち自然に「将来は学校の体育の先生になりたい」などと口にするようになっていました。

そんなバラバラの個性の娘たちをよく見てくださって、それぞれがそれぞれの道にふさわしい大学に進学したのも、富士見丘の先生方のおかげ。

３人の個性を活かす道に進ませていただいたことには、私も親として感謝するばかりです。

私と富士見丘

そんなわけですから、３人がこちらにお世話になっているあいだ、私も安心して娘をお任せしていたという感じでした。とくに注文することもなかったですし、部活について私が顔を出すということもありませんでしたね。とにかく先生方を信頼していましたから、私は家庭でだけ彼女たちが気を緩《ゆる》めたりしないよう気をつけていればいいという状態だったと思います。

ですから、少林寺拳法の大会があるときでも、私がそれを見に行くということはほとんどなかったような気がします。一方で文化祭はのべ８年、応援に参りました。少林寺拳法の演武で娘

長女恵さん、次女郁さん、三女望さん

たちが失敗しないよう祈るような思いで、最前列にビデオを構え鑑賞しました。彼女たちの成長を目の当たりにできる貴重な機会でした。少林寺拳法部以外の発表もとても楽しませてもらいました。当時ダンス部にはミス・ユニバース日本代表になられた神山さんもいらして、あの頃から細くてきれいで、私もファンのひとりでした（笑）。

　ということは、それだけ親にとっても富士見丘が信頼できる学校だったということだと思います。勉強について私が娘に何か言うことは一度もなかったですし、ましてクラブ活動については、すべて先生方にお任せ状態。家で気をつけていたことといえば、せいぜい門限を厳しくして羽目《はめ》をはずさせないようにしていたことくらいです。

　それでも娘たちが３人とも素直に育って、いま、しっかりと自分の道を歩いているのは、高校時代の３年間を富士見丘で学ばせていただいたおかげ以外にありません。３人の娘がこちらに縁があったことは、彼女たちにとっても母親の私にとっても、とても大きな幸運だったと思っています。

4章

富士見丘の教育
～あゆみとこれから～

インタビュー

グローバル化時代の女子教育

富士見丘高等学校校長　**吉田　晋** 先生

これからの時代において、女性として自立し、グローバル社会をリードしていくことのできる人材を育てる——それが、富士見丘学園の掲げる教育目標です。

本校のグローバル教育の歴史は古く、まだ「国際化」とか「グローバル化」などという言葉が使われていなかった1960年代から、「国際性豊かな若き淑女《しゅくじょ》の育成」を教育目標に、新しい時代に活躍できる女性の育成に力を注いできました。この伝統は今も受け継がれ、さまざまな分野で、世界を舞台に活躍する多くの人材を送り出しています。

このグローバル化時代を生きるためには、まず英語をしっかり勉強して、英語を自由に使いこなせる能力がなければならないことはもちろんです。そのために本校では、カリキュラムの中でもとりわけ英語に重点を置いて、単に読み書きだけにとどまらない、実際に国際社会の現場で役立つ実践的な英語力を身につける授業を行っています。

しかし、真のコミュニケーションのためには、英語が話せるというだけでは不十分です。あくまでも英語はコミュニケーションをするためのツールであって、内容がともなっていなければ、本当の意味で意思の疎通ができるということにはならないでしょう。

では、その「内容」とは、いったい何なのでしょうか。それは、ただ相手の言うことを表面的に受け取るのではなく、相手のその時の「心」とか、「思い」とかというものにまで踏み込んで、それを少しでも正確に理解しようという気持ち——言いかえれば、相手に対して「思いやりの心」を持つことではないでしょうか。

大切なのは、相手の言葉の奥にある真の意味を理解することなのです。そのためには、相手の生活習慣からものの考え方や行動の仕方、つまり、彼らの文化を広く理解することが必要です。それこそが、真の異文化理解につながるのです。

本校では異文化交流の場をたくさん用意しています。

全員参加のアメリカ修学旅行を始めとして、希望制のイギリス／UAE短期留学、選抜制のイギリス・アメリカ・オーストラリアへの３・６ヵ月留学などの海外研修の場があり、また、その留学先の姉妹校から本校へも留学生がやってきます。つまり、学校内でも海外交流ができるのです。

　中学生の皆さん、富士見丘でぜひ、世界に羽ばたく勇気と力を学んでみませんか。富士見丘高等学校は、将来、海外で活躍したいという気持ちを持っている皆さんをお待ちしています。

富士見丘高等学校のあゆみ

●間もなく創立75周年

1940年（昭和15）、現在と同じ渋谷区笹塚に創設された「昭和商業実践女学校」がルーツです。1944年（昭和19）に「富士見丘女子商業学校」と改称。さらに1948年（昭和23）、戦後の学制改革によって現在の「富士見丘中学高等学校」という校名になりました。2002年（平成14）には安全と地球環境に配慮した快適な新校舎が完成しました。

●グローバル教育の先駆けに

1972年（昭和47）にイギリス短期留学制度を開始。現在はこれに加え、3カ月・6カ月留学で3か国5校と提携し、留学のチャンスは広がりました。また、近年では海外大学への指定校推薦もあります。

2015年（平成27）には文科省からスーパーグローバルハイスクール（SGH）に指定され、世界へ向けたプログラムは充実度を増しています。

●文武両道の学校として

春夏あわせて17回の全国優勝を誇《ほこ》るテニス部に加え、近年では少林寺拳法部も全国大会に毎年出場し、優秀な成績を残しています。活発なクラブ活動のかたわら、生徒の8割が4年制大学へ進学し、多様な進路を実現しています。

この本を読んでくれたあなたへ

●変わる世の中・変わる教育

今、時代は大きく変わろうとしています。高度成長期の日本では、「正確、丁寧、スピード」を目標にひたすら経済成長の道を歩んできました。したがって、教育の世界でも決まった知識を暗記し、これを繰り返すというような学習を進めてきたのです。

しかし、現在の小中学生が将来就《つ》く職業の約半数が、今は存在しない職業だと言われています。つまり、皆さんは成長していくなかで、未体験の課題を克服《こくふく》していかなければならない世代であり、そのための力を身につけなければならないのです。その力こそ主体的な思考力・判断力・表現力であり、富士見丘はこれらを身につけるための学校なのです。

●富士見丘が育む「外へ向かう勇気」

この本では、富士見丘で実践されているたくさんの活動についてご紹介してきました。例えば、富士見丘では、教師が大勢の生徒に講義をし、生徒は板書をノートに書き写すという一斉授業ではなく、少人数における対話重視型のアクティブ・ラーニングとICT活用による「21世紀型教育」を取り入れています。通常の授業にとどまらず、高大連携プログラムを充実させ、2014年には慶応大学理工学部と年間を通じて共同研究に取り組み、問題解決能力を伸ばすことができました。さらに、社会人を講師に招いての特別講座や自主研究「5×2」、小論文指導など、生徒の成長につながるプログラムが充実しています。こうした体験を経て、多様な価値を理解し、表現力を磨き、感じたこと・分かったことを自分の言葉で伝える能力を高めていくのです。

また、高校2年生全員が修学旅行でアメリカ西海岸に行きます。生徒は姉妹校生徒との交流によりコミュニケーションツールとして英語の必要性を実感します。しかし、一方で自分が日本人であることを自覚する機会も得るのです。自分自身を内と外から見つめ直すこうした経験は将来の進路を考える時に大いに生きてきます。

つまり、富士見丘高等学校は、未来を切り拓《ひら》く力を身につけることができる学校なのです。この学校をスタートラインに、外へ向かう勇気を持ち、自分の才能を思い切り開花させてみませんか。中学生の皆さん、ぜひ富士見丘高等学校を見に来てください。

● カバー写真
富士見丘高等学校　大川絢子（2015年卒業）・河鍋瑛菜（高３）・竹田玲伽（高２）

● 口絵写真協力
富士見丘高等学校　松原茉莉（高３）・谷川博子（高２）・渡部奈々（高２）

● 本文イラスト協力
富士見丘高等学校　小野澤佑美（イラストマップ／2015年卒業）
小林紀野（高３）・坂下華子（高３）・御子柴彩里（高３）・
八木杏那（高３）・蛭川寧々花（高２）

\もりもり/
元《げん》気《き》の出《で》る高《こう》校《こう》案《あん》内《ない》 6《ろく》

富《ふ》士《じ》見《み》丘《がおか》高《こう》等《とう》学《がっ》校《こう》

外《そと》に向《む》かう勇《ゆう》気《き》を育《そだ》てる

平成27年5月20日　初版発行

編　者　「もりもり元気《げんき》の出《で》る高校案内《こうこうあんない》」実行委員会《じっこういいんかい》

発行者　株式会社真珠書院
代表者　三樹　敏

印刷者　精文堂印刷株式会社
代表者　西村文孝

製本者　精文堂印刷株式会社
代表者　西村文孝

発行所　株式会社真珠書院
〒169-0072　東京都新宿区大久保1-1-7
TEL 03-5292-6521　FAX 03-5292-6182
振替口座 00180-4-93208

ISBN978-4-88009-284-3
Printed in Japan

カバー・表紙・扉・本文デザイン　矢後雅代